LECTURA

CONEXIONES DE SEAHORSE

AYUDANDO A MI HIJO

Una guía para el acompañamiento lector

1er GRADO

SEAHORSE PUBLISHING

ÍNDICE

LA CIENCIA DE LA LECTURA 4

LAS CONCIENCIAS FONOLÓGICA Y FONÉMICA
ESCUCHANDO LOS SONIDOS DE LAS PALABRAS 6

EL MÉTODO FONÉTICO (PHONICS): LAS LETRAS FORMAN SONIDOS 8

LA DECODIFICACIÓN: LOS SONIDOS FORMAN PALABRAS 10

LAS PALABRAS VISUALES Y LAS PALABRAS DE ALTA
FRECUENCIA: CONSTRUYENDO EL ÉXITO 12

LA FLUIDEZ: LEYENDO CON FACILIDAD 14

EL VOCABULARIO: LAS PALABRAS TIENEN SIGNIFICADOS 16

LA COMPRENSIÓN: ENTENDIENDO LO LEÍDO 18

LA ESCRITURA: ESCRITURA A MANO 20

ORACIONES 22

DEMOSTRANDO LA COMPRENSIÓN 24

LA ORTOGRAFÍA: USANDO EL CÓDIGO 26

QUÉ HACER CUANDO SU HIJO
ENFRENTA DIFICULTADES 28

CÓMO AYUDAR EN CASA 29

GLOSARIO 30

INFORMACIÓN ADICIONAL (EN INGLÉS) 32

LA CIENCIA DE LA LECTURA

La lectura es una habilidad esencial para tener éxito en la escuela y en la vida. Para entender cómo los niños aprenden a leer, los padres de familia deben tener conocimientos sobre la ciencia de la lectura.

La *ciencia de la lectura* es un término que se refiere a más de 20 años de investigación realizada por expertos en la forma en la que la gente aprende a leer. La investigación muestra que la lectura no se desarrolla de manera natural. Para mucha gente, requiere de un gran esfuerzo. Aprender a leer es más efectivo cuando sucede a través de un proceso paso a paso basado en estrategias y técnicas respaldadas por investigaciones comprobadas.

Una buena enseñanza de lectura está compuesta de varias partes importantes. Ayuda a los estudiantes a desarrollar habilidades de conciencia fonológica, en el método fonético (phonics), fluidez, vocabulario y comprensión. Todas estas habilidades ayudan a los estudiantes a construir caminos en su cerebro que conectan las palabras con sus sonidos, escritura y significados. Al usar la ciencia de la lectura como una guía, padres de familia y maestros podrán ayudar a nuestros hijos en el proceso de aprendizaje de la lectura.

Esta guía está diseñada para que los padres de familia puedan ayudar a sus hijos en el proceso de aprendizaje de la lectura en inglés, aunque también puede servir de base para el acompañamiento lector en otros idiomas.

CLAVES PARA UNA ENSEÑANZA DE LECTURA EFECTIVA

Conciencia fonológica: La habilidad para reconocer, pensar y trabajar con los sonidos que conforman las palabras habladas.

El método fonético (phonics): La comprensión de la relación entre los sonidos y las letras que los representan por escrito.

Fluidez: La habilidad para leer rápido y de manera precisa.

Vocabulario: La comprensión de los significados de las palabras.

Comprensión: La obtención de significados a través de la lectura.

CREANDO LECTORES HÁBILES

Leer va más allá de pronunciar las palabras. Los lectores hábiles deben reconocer las palabras, así como entender sus significados en un nivel profundo. Entretejen las habilidades de memorización, fonéticas, de vocabulario, los conocimientos previos y más.

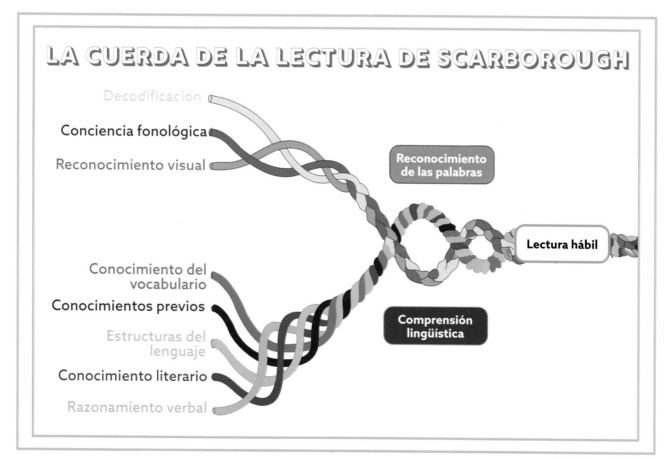

LA CUERDA DE LA LECTURA DE SCARBOROUGH

Decodificación

Conciencia fonológica

Reconocimiento visual

Reconocimiento de las palabras

Conocimiento del vocabulario

Conocimientos previos

Estructuras del lenguaje

Conocimiento literario

Razonamiento verbal

Comprensión lingüística

Lectura hábil

Para mostrar cómo los niños hacen uso de una variedad de habilidades para convertirse en lectores hábiles, la Dra. Hollis Scarborough creó la Cuerda de la Lectura. En 2001, este modelo fue publicado en el *Handbook of Early Literacy Research* (Manual de investigación sobre alfabetización temprana), de Neuman/Dickinson.

LAS CONCIENCIAS FONOLÓGICA Y FONÉMICA:
ESCUCHANDO LOS SONIDOS DE LAS PALABRAS

Las conciencias fonológica y fonémica son habilidades de prelectura importantes. Describen la habilidad de un niño para escuchar, identificar y jugar con los sonidos en el lenguaje hablado. Estas habilidades forman un fundamento esencial para el desarrollo de la lectura y la escritura en el primer grado y más allá.

Los niños demuestran poseer una conciencia fonológica cuando reconocen y manipulan, o modifican, partes de las palabras escritas. La conciencia fonémica es la última habilidad de conciencia fonológica en desarrollarse. Los niños que dominan la conciencia fonémica pueden oír, reconocer y jugar con los sonidos individuales, o fonemas, de las palabras habladas.

ESCALONES EN LA CONCIENCIA FONOLÓGICA EN INGLÉS

3 a 4 años	Enuncia palabras que riman, reales e imaginarias.
4 a 5 años	Aplaude o da golpecitos al pronunciar las sílabas de las palabras. Reconoce palabras que inician con el mismo sonido. Segmenta o separa los sonidos de las palabras de tres sonidos. Fusiona o combina sonidos individuales para crear palabras con tres sonidos. Cuenta el número de sonidos en palabras de tres sonidos.
5 a 6 años	Segmenta o separa cada sonido en palabras con cuatro sonidos. Identifica el primero y el último sonido de cada palabra. Agrupa palabras con el mismo sonido inicial. Identifica qué palabras no riman en grupos de tres palabras. Identifica qué palabra no es igual en grupos de tres palabras.
6 a 7 años	Omite sílabas en las palabras cuando se le pide que lo haga. Omite sonidos en las palabras cuando se le pide que lo haga. Sustituye sílabas en las palabras cuando se le pide que lo haga. Sustituye sonidos en las palabras cuando se le pide que lo haga.
7 a 8 años	Utiliza sus habilidades de conciencia fonológica para deletrear palabras.

ACTIVIDADES PARA LA CONSTRUCCIÓN DE LA CONCIENCIA FONOLÓGICA

A LA CAZA DE LAS SÍLABAS

Busque en casa objetos cuyos nombres tengan más de una sílaba. Diga en voz alta la palabra y levante un dedo por cada una de sus partes. Por ejemplo, diga «bed-room» para *bedroom*, y «ma-ca-ro-ni» para *macaroni*.

CÁMBIALA

Piense en una palabra de una sola sílaba. Pida a su hijo que, en la palabra, cambie el sonido inicial, el de en medio o el final para crear una palabra nueva. Use el ejemplo siguiente, leyendo las letras entre diagonales como sonidos.

Padre de familia: Cambia el sonido /st/ en *stop* por /sh/. ¿Qué palabra es?

Hijo: *Shop.*

Padre de familia: ¡Bien hecho! Ahora, cambia el sonido /ō/ en *float* por /ă/. ¿Qué palabra es?

Hijo: *Flat.*

Padre de familia: Bien pensado. Intenta cambiar el sonido /nk/ en *sink* por /ng/. ¿Qué palabra es?

Hijo: *Sing.*

Padre de familia: ¡Excelente! ¡Lo lograste!

JUEGO DE PALABRAS MÁGICAS

El adulto dice una palabra. El niño cambia el sonido del principio, la mitad o el final para crear una palabra distinta y decir qué fue lo que cambió. El adulto cambia el sonido del principio, la mitad o el final de la palabra dicha por el niño para crear una palabra distinta y decir lo que cambió. Sigan así alternándose. ¿Hasta dónde pueden llegar? Use este ejemplo, leyendo las palabras entre diagonales como sonidos.

Padre de familia: *Mop.*

Niño: *Top.* Cambié /m/ por /t/.

Padre de familia: *Stop.* Cambié /t/ por /st/.

Niño: *Step.* Cambié /ŏ/ por /ĕ/.

Padre de familia: *Stem.* Cambié /p/ por /m/.

Niño: *Them.* Cambié /st/ por /th/.

Padre de familia: Hmm. No me viene a la mente un cambio que pueda crear una palabra real. ¡Tú ganas!

EL MÉTODO FONÉTICO (PHONICS):

LAS LETRAS FORMAN SONIDOS

El método fonético (phonics) se refiere al conocimiento de que las letras y su combinación representan sonidos. Es una habilidad esencial para lectores principiantes. Los niños que tienen el privilegio de ser instruidos en el método fonético se convierten en mejores lectores y mejoran su ortografía.

Todas las palabras están hechas de sonidos. La palabra *dog* tiene tres sonidos. Cada letra representa un sonido. La palabra *light* tiene tres sonidos. Las letras *igh* representan un sonido. El idioma inglés tiene 44 sonidos para todas sus palabras. En cualquier caso, su alfabeto sólo tiene 26 letras. Algunas letras pueden tener más de un sonido. Otras letras se unen para crear sonidos diferentes. Es una especie de código que los lectores principiantes deben descubrir.

BENEFICIOS DEL MÉTODO FONÉTICO

- Mejora las habilidades de lectura.
- Habilidad para empatar más rápidamente letras con sonidos.
- Facilidad para pronunciar correctamente palabras desconocidas.
- El nivel de lectura se incrementa más rápido.

MÉTODO FONÉTICO 101

¿CONSONANTE O VOCAL?

Las letras consonantes son *b, c, d, f, g, h, j, k, l, m, n, p, q, r, s, t, v, w, x, y* (como en *you*) y *z*.

Las letras vocales son *a, e, i, o, u* e *y* (como en *my* y en *baby*). Las vocales cortas se representan con un símbolo curvo, como una sonrisa, en la parte superior: /ă/. Las vocales largas se representan con una línea horizontal en la parte superior: /ā/.

ACTIVIDADES PARA LA CONSTRUCCIÓN DE HABILIDADES FONÉTICAS

LETRAS EN CREMA PARA AFEITAR

Coloque crema para afeitar en una bandeja de horno grande. Extiéndala de manera uniforme. Escoja una letra o grupo de letras que hagan un solo sonido y dígalo en voz alta. Con un dedo, escriba la letra en la crema para afeitar y diga su nombre. Pronuncie el sonido que hace la letra mientras la subraya. ¡También lo puede hacer con crema para batir!

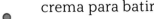

VOCALES CORTAS EN ACCIÓN

Ayude a su hijo a recordar los sonidos de las vocales cortas asociando una acción a cada una.

A: Pretenda morder una manzana. Diga: «I see a worm in my apple! Aaaah! La *a* corta se pronuncia /ă/, ¡como la pronunciamos cuando dijimos que vimos un gusano en nuestra *apple*!».

E: Deslice un dedo por el borde de una mesa. Diga: «Eh-eh-edge. La *e* corta se pronuncia /ĕ/, como el sonido inicial de *edge*».

I: Rásquese la nariz. Diga «I have an ih-ih-itch. La *i* corta se pronuncial /ĭ/, como el sonido inicial de *itch*».

O: Abra la boca como si el doctor fuera a revisar su garganta. Diga: «Ohhhh. La *o* corta se pronuncia /ŏ/, como el sonido que haces cuando estás sorprendido».

U: Señale hacia arriba. Diga: «Uh-uh-up. La *u* corta se pronuncia /ŭ/ como el sonido inicial de *up*».

SEA CONCISO

Para evitar confundir a los lectores principiantes, no agregue el sonido de una vocal al hacer el sonido de una consonante. Por ejemplo, el sonido de la letra *t* es /t/, no /te/ (español) o /tuh/ (inglés).

LETRAS EN ARCOÍRIS

Dibuje una serie de arcos dejando un espacio entre cada uno. Escriba una letra o grupo de letras que formen un solo sonido debajo de todos los arcos. Luego, continúe en el arco inmediato superior. Use un marcador rojo o un crayón.

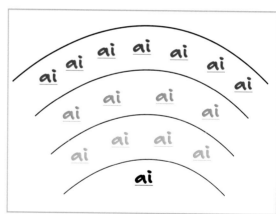

Siga estos pasos:

1. Pronuncie el sonido que hacen la letra o letras.

2. Escriba la letra o letras y diga su nombre mientras escribe.

3. Subraye la letra o grupo de letras y pronuncie su sonido.

Repita hasta que el primer arco esté lleno. Luego, con un marcador naranja o crayón llene el segundo arco de la misma manera mientras nombra, escribe, deletrea, subraya y lee. Repita en los siguientes arcos usando colores distintos.

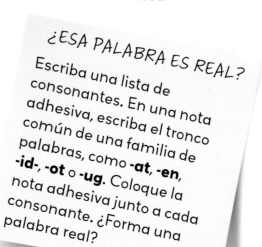

¿ESA PALABRA ES REAL?

Escriba una lista de consonantes. En una nota adhesiva, escriba el tronco común de una familia de palabras, como **-at**, **-en**, **-id-**, **-ot** o **-ug**. Coloque la nota adhesiva junto a cada consonante. ¿Forma una palabra real?

LA DECODIFICACIÓN:
LOS SONIDOS FORMAN PALABRAS

La decodificación es la habilidad para pronunciar las palabras escritas. Los niños usan sus conocimientos del código del método fonético (phonics) para entender las palabras. Un niño con habilidades de decodificación sólidas tendrá mejores habilidades de comprensión de lectura.

Cuando su hijo puede ver una palabra, entender el sonido que cada letra representa y mezclar los sonidos para decir la palabra en voz alta, está decodificando. Una vez que pueda decodificar las palabras de manera independiente, tendrá las herramientas necesarias para comenzar a leer de manera fluida y con comprensión.

PRONUNCIANDO PALABRAS

Segmentación: Se refiere a la separación de una palabra en sus sonidos individuales.
dog: /d/ /ŏ/ /g/   **cat:** /c/ /ă/ /t/

Combinación: Se refiere a la pronunciación de los sonidos de la palabra de manera continua, sin pausas. Pruebe estas técnicas para ayudar a su hijo con la combinación.

Combinación continua: Estire cada sonido antes de ir al siguiente, sin pausas. Puede deslizar su dedo sobre cada letra, de izquierda a derecha.
sip: sssssssssssssiiiiiiiiiip

Combinación final: Combine los primeros sonidos y luego agregue el sonido final:
sip: si-p

Combinación aislada: Pronuncie el primer sonido con más fuerza y luego los siguientes sonidos de manera más suave. El último sonido deberá ser el más suave.
sip: S i p

ACTIVIDADES PARA CONSTRUIR HABILIDADES DE DECODIFICACIÓN

RESÁLTELA

Use dos colores distintos para resaltar las consonantes y las vocales en una lista de palabras.

bed   **plan**

MÁRQUELA

En una lista de palabras, marque las vocales con una *v* y las consonantes con una *c*. Subraye las letras que vayan juntas (como los equipos de vocales, las combinaciones de consonantes, los equipos de consonantes, etc.).

b e d   pl a n
c v c   cc v c

ENMÁRQUELAS

En una lista de palabras, dibuje cuadros alrededor de las letras que vayan juntas.

b e d   pl a n

EL ARCOÍRIS DE LA E MÁGICA

Algunas palabras contienen el patrón de la vocal-consonante-*e*. La *e* al final es conocida como *e* mágica o *e* mandona o *e* muda. La vocal es larga y dice su nombre. Use esta estrategia para recordar la regla.

1. Escriba *v* debajo de la vocal y *c* debajo de la consonante que la sigue.

   game
   v c

2. Tache la *e*. Dibuje un arco para conectar la *e* a la vocal. Diga: «La *e* hace que la [nombre de la vocal] suene [nombre de la vocal]». Ejemplo: «La *e* hace que la *a* suene *a*».

   game
   v c

3. Pronuncie la palabra: /g/ /ā/ /m/.

LAS PALABRAS VISUALES Y LAS PALABRAS DE ALTA FRECUENCIA:
CONSTRUYENDO EL ÉXITO

Conocer las palabras visuales y las de alta frecuencia es auxiliar en la construcción de fundamentos sólidos para los lectores principiantes. Ambos tipos de palabras son usadas con frecuencia en la lectura y la escritura. Una palabra visual es una palabra que no sigue las reglas comunes del método fonético (phonics) y la ortografía. No es decodificable o es muy difícil de decodificar. Las palabras de alta frecuencia son palabras decodificables que los estudiantes deben conocer para convertirse en lectores hábiles. Sin embargo, las reglas del método fonético necesarias para decodificarlas podrían no haberles sido enseñadas aún.

La palabra *like* es una palabra de alta frecuencia. Puede ser decodificada usando la regla de la «*e* mágica» o la «*e* mandona». A los niños que apenas están aprendiendo a leer palabras como *cat* y *sit* aún no se les ha enseñado esta regla. Sin embargo, dado que *like* es usada en muchos cuentos sencillos, con frecuencia es introducida como una palabra de alta frecuencia.

La palabra *have* es una palabra visual. Aparece con frecuencia, pero no sigue la regla de la «*e* mágica» o la «*e* mandona». Por lo tanto, esta palabra debe ser aprendida de memoria, o identificada visualmente.

SOLTÁNDOSE

¿Qué hacer cuando su hijo se atora leyendo una palabra o cuando decodifica una palabra de manera equivocada? Dele tiempo para que se dé cuenta. Con suavidad, ayude con estas estrategias:

- Deletree la palabra.
- Pregúntele: «¿Ves algunas letras que vayan juntas?».
- Pregúntele: «¿Ves algunas palabras más cortas dentro de la palabra completa?».
- Diga: «Vamos a pronunciar cada una de sus partes».

PEQUEÑO PERO PODEROSO

Sólo 13 palabras componen el 25 por ciento de todas las palabras en inglés en el mundo impreso.

a
and
for
he
in
is
it

of
that
the
to
was
you

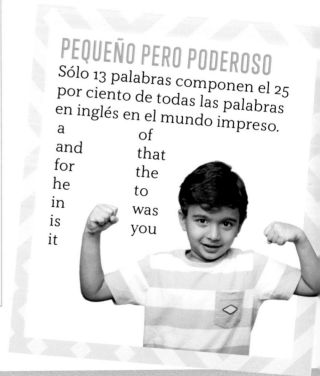

ACTIVIDADES PARA APRENDER PALABRAS VISUALES Y PALABRAS DE ALTA FRECUENCIA

¡MANOTAZO!

Escoja cinco palabras nuevas. Escriba cada una en una nota adhesiva. Coloque las notas en la casa. Cuando su hijo encuentre una palabra, pida que la lea y luego le dé un manotazo a la nota.

PALABRAS COLORIDAS

Escriba una palabra a la mitad de una hoja de papel. Pida a su hijo que escoja un marcador de color o lápiz. Lea la palabra. Pida a su hijo que escriba la palabra con un color, diciendo en voz alta el nombre de cada letra mientras la escribe. Subraye la palabra de izquierda a derecha mientras lee la palabra. Luego, escoja otro color y repita. Continúe escogiendo colores hasta llenar la página.

Señálela

Escriba palabras en una ficha catalográfica. Pida a su hijo que lea en voz alta cada palabra. Pida a su hijo que use el dedo índice para señalar cada letra mientras dice su nombre. Luego, con un dedo, subraye la palabra de izquierda a derecha mientras lee la palabra. Repita con la siguiente ficha.

LA FLUIDEZ:
LEYENDO CON FACILIDAD

La fluidez es la habilidad para leer con una velocidad y expresividad razonables. Alguien que lee con fluidez no necesita detenerse a decodificar cada palabra. Se pueden enfocar en lo que la historia o el texto significan. La fluidez es el puente entre la decodificación de palabras y su comprensión.

Su hijo que estudia el primer grado está en camino a leer con facilidad. Cuando su hijo lea en voz alta, anímelo a cambiar el tono y la expresión para que concuerden con el significado de las palabras y con lo que sucede en la historia. Al finalizar el año escolar, su hijo deberá estar leyendo alrededor de 70 palabras por minuto. La mejor manera de alcanzar esta velocidad es a través de la práctica continua.

LA REGLA DE LOS CINCO DEDOS

¿Cómo saber si un libro tiene el nivel adecuado de dificultad para su hijo? Enséñele este truco.

ACTIVIDADES PARA CONSTRUIR UNA LECTURA FLUIDA

RETO DEL LIBRO DE LA SEMANA

Escoja un libro que tenga alrededor de 20 a 30 palabras. Está bien que las palabras o las oraciones se repitan. El domingo, lean el libro juntos al menos una vez. Use un cronómetro mientras su hijo lee en voz alta. Anote el tiempo que le toma a su hijo leer. Anote si su hijo necesitó ayuda. Lean el mismo libro el lunes. De nuevo, tome el tiempo a su hijo y anote si necesitó ayuda. Continúe con el mismo procedimiento cada día por una semana. Al final, muestre a su hijo las evidencias de cómo lee cada vez con más fluidez.

ECOS DE LECTURA

Escojan un libro favorito del nivel de lectura de su hijo. Lea la primera oración mientras su hijo desliza un dedo por las palabras que lee. Pida a su hijo que repita la primera oración mientras usted desliza un dedo por las palabras. Luego, usted leerá la siguiente oración mientras su hijo desliza el dedo. Después, su hijo deberá leer también la segunda oración mientras usted desliza el dedo. Continúe con el proceso hasta haber leído el libro completo. Recuerde modular la voz según lo que suceda en la historia. Anime también a su hijo a modular la voz.

1. Comienza con la lectura del libro. Levanta un puño.

2. Levanta un dedo cada que encuentres una palabra que no conoces.

3. Si levantas cinco dedos antes de terminar el libro, es que el libro es muy difícil. Busca otro libro hasta encontrar el adecuado para ti.

EL VOCABULARIO:
LAS PALABRAS TIENEN SIGNIFICADOS

El vocabulario juega un papel crítico en el proceso de aprendizaje de la lectura. Los lectores jóvenes usan sus conocimientos sobre las palabras para dar sentido a lo que leen. Para entender lo que lee, un niño debe saber lo que significan las palabras. Los niños necesitan un amplio «banco de palabras» para echar mano de él mientras leen. Mientras mayor sea el vocabulario de un niño, tendrá mayor habilidad para comprender lo que lee o escucha.

Conforme encuentra nuevas palabras, el niño las relaciona con palabras que ya conoce y las agrega a su creciente vocabulario. Algunas palabras son aprendidas de manera natural. Otras deben ser enseñadas. Los niños aprenden nuevas palabras a través de conversaciones diarias y experiencias que les enseñan sobre el mundo. Leer libros a su hijo también lo ayuda a tener un vocabulario amplio.

MI DIARIO DE PALABRAS

Pida a su hijo que tenga un diario de palabras. Use un cuaderno con espiral o una libreta. Anote una palabra en cada página. Haga un dibujo que represente cada palabra. Ayude a su hijo a escribir una definición para niños.

feast

lots of food to eat

TIPOS DE VOCABULARIO

Vocabulario auditivo: Las palabras que escuchamos.

Vocabulario oral: Las palabras que decimos.

Vocabulario de lectura: Las palabras que leemos.

Vocabulario de escritura: Las palabras que escribimos.

ACTIVIDADES PARA LA CONSTRUCCIÓN DEL VOCABULARIO

CONVERSACIÓN CON PALABRAS NUEVAS

Presente una palabra nueva a su hijo dándole una definición simple. Luego, dele un ejemplo que se relacione con las experiencias de su hijo. Pida a su hijo que también piense en un ejemplo. En los siguientes días, encuentre la oportunidad de usar la palabra nueva mientras conversa con su hijo.

PALABRAS PARA LA NO FICCIÓN

Escoja un libro de no ficción. Lea el libro a su hijo en voz alta. Hablen acerca de las palabras nuevas que encontraron. Pida a su hijo que comparta con otros las palabras que aprendió.

LECTURA DE PALABRAS NUEVAS

Cuando su hijo esté leyendo, está bien que se detengan a hablar de una palabra nueva. Lean de nuevo la oración y pregunte a su hijo qué piensa que significa. Dele una definición para niños. Ayude a su hijo a hacer una conexión personal con la palabra.

LA COMPRENSIÓN:
ENTENDIENDO LO LEÍDO

La comprensión de la lectura es la esencia de la lectura misma. Es la habilidad que se tiene para entender los significados de lo leído. Es una habilidad compleja que se desarrolla con el tiempo. Los niños pueden comenzar a crecer en esta área dándose tiempo para pensar en lo que acaban de leer. Al leer, las mentes de los niños deben ser «encendidas» y pensar activamente sobre lo que están leyendo.

Los niños que cursan el primer grado deben ser capaces de entender libros que leen por sí mismos, así como los libros que les son leídos. Pueden demostrar que entendieron libros de ficción contando la historia con sus palabras y describiendo los personajes, escenarios y sucesos. Pueden demostrar que entendieron libros de no ficción repitiendo datos importantes que aprendieron sobre un tema.

LECTURA ACTIVA

La lectura activa ocurre cuando el lector se concentra e involucra en el texto. El lector piensa en lo que está siendo leído y hace conexiones. Este tipo de lectura es esencial para la comprensión.

Puede ayudar a su hijo a convertirse en un lector activo usando la estratega HAC:

H: Haga preguntas sobre la lectura.

A: Aumente el vocabulario motivando el aprendizaje de nuevas palabras encontradas durante la lectura.

C: Conecte la lectura con las experiencias de su hijo.

ACTIVIDADES PARA FORTALECER LA LECTURA DE COMPRENSIÓN

LECTURA COMPARTIDA

Escojan un libro. Lea en voz alta el primer párrafo o las dos primeras oraciones. Hablen acerca de lo leído. Pida a su hijo que lea el párrafo siguiente o par de oraciones. Continúen hablando de la historia mientras leen de manera compartida.

HAZ UNA NOTA (LIBROS DE NO FICCIÓN)

Dobla una hoja de papel en cuartos. Al centro del papel, anota el tema principal del libro. Luego, en cada sección, anota e ilustra un dato acerca del tema.

INICIO-MITAD-FIN (LIBROS DE FICCIÓN)

Dobla una hoja de papel en tres partes. En la primera sección, dibuja y anota bajo una imagen lo que sucedió al inicio de la historia. En la segunda sección, dibuja y anota bajo una imagen lo que sucedió a la mitad. En la tercera sección, dibuja y anota bajo una imagen lo que sucedió al final de la historia. Usa los dibujos para hablar acerca de la historia y contarla con palabras propias.

PREGUNTAS DE COMPRENSIÓN

Para textos informativos (no ficción)

Ideas principales y detalless

- ¿Cómo sabes que _____? ¿Cómo es que _____?

- ¿Qué piensas que el autor quería que los lectores supieran?

Creatividad y estructura

- ¿Qué significa esta palabra_____? ¿Cómo te ayuda el resto de las palabras a averiguar su significado?

- ¿En qué categorías pondrías estas palabras? ¿Qué ejemplos encuentras de cosas que son _____?

- ¿Por qué el autor colocó un encabezado en cada sección? ¿De qué manera te ayuda?

Integración de ideas y conocimientos

- ¿Qué muestra esta imagen? ¿Cómo te ayuda a entender las palabras?

- ¿Por qué el autor dice que sucedió _____?

Para textos literarios (ficción)

Ideas principales y detalles

- ¿Dónde se desarrolla la historia?

- ¿Quiénes son sus personajes? ¿Qué sabemos de ellos?

- ¿Qué sucede al principio, mitad y final de la historia?

Creatividad y estructura

- ¿Qué palabras de la historia nos indican cómo se siente el personaje?

- ¿La historia es realista o una fantasía? ¿Cómo lo sabes?

Integración de ideas y conocimientos

- ¿Cómo actuaría un personaje de otra historia si estuviera en esta?

- ¿En qué se parece a ti este personaje? ¿En qué es diferente?

LA ESCRITURA:
ESCRITURA A MANO

Saber escribir a mano de manera fluida, ágil, rápida y legible es esencial para el éxito escolar. Aunque gran parte del trabajo de escuela actual se hace en una computadora, con frecuencia se pide a los estudiantes que escriban a mano para tomar notas, responder exámenes y hacer tareas. Dedicar un tiempo durante los grados iniciales para desarrollar la escritura a mano puede evitar dificultades académicas en el futuro.

Cuando los niños que cursan el primer grado escriben letras, están aprendiendo al mismo tiempo sus sonidos, y así ambas habilidades son reforzadas, lo que lleva a una mejor capacidad de lectura, de escritura y una mejor ortografía. Con la práctica, la escritura a mano se vuelve automática. Los estudiantes dejan de pensar cómo formar cada letra y quedan libres para enfocarse en el significado de lo que escriben.

FORMACIÓN DE LAS LETRAS

La mayoría de las letras pueden hacerse con un solo trazo. Use esta guía para ayudar a su hijo a formar letras comenzando por la parte superior de cada una, dirigiéndose hacia la parte inferior.

ACTIVIDADES PARA FORTALECER LAS HABILIDADES DE ESCRITURA

EVITE LA CONFUSIÓN ENTRE b Y d

Dado que las letras minúsculas *b* y *d* se parecen mucho, los niños las confunden con frecuencia. Para ayudar a su hijo, pruebe estos trucos.

Para que recuerde la letra *b*, asóciela con *bat* y *ball*. Trace una línea desde lo más alto a lo más bajo para *bat*. Luego, siga la línea un poco hacia arriba para formar el círculo que representa *ball*.

Para recordar la letra *d*, cante la primera parte de la canción en inglés ABC: A-B-C-D. Luego, escriba la letra *c* comenzando por la parte superior. Cuando complete la *c*, continúe la línea hacia arriba formando la *d*.

CLASIFICACIÓN DE FORMAS

Coloque un juego de letras magnéticas en la nevera, una bandeja para hornear u otra superficie. Ayude a su hijo a separar las letras de distintas maneras. Haga un grupo de letras con círculos o líneas curvas, uno de letras con líneas rectas, uno de letras con colas, etc. Cuando su hijo toque una letra, pídale que diga el nombre de la letra y el sonido que le corresponde.

ENCUÉNTRALA, ARRÉGLALA

Dé a su hijo una lupa y muéstrele cómo usarla para ver las letras que ambos hayan escrito previamente. Anime a su hijo pidiéndole que encuentre una letra mayúscula, una minúscula y una con líneas curvas, una letra que toque el renglón superior, una letra que sea un buen ejemplo de buena escritura a mano, una letra que necesite ser arreglada, etc.

LA ESCRITURA:
LAS ORACIONES

Su hijo que cursa el primer grado está aprendiendo a formar palabras para escribir oraciones sencillas y completas. Este esfuerzo se hace más sencillo si se practican otras habilidades de lectura y escritura: escritura a mano, reconocimiento de palabras visuales, uso de habilidades del método fonético (phonics) para decodificar palabras y el aprendizaje de palabras nuevas. Fortalecer las habilidades en todas esas áreas ayuda a los escritores principiantes.

Los estudiantes de primer grado entienden que la escritura se lleva a cabo de izquierda a derecha y continúa en el renglón siguiente. Comienzan a escribir cada oración con mayúscula inicial y a terminarla con un punto u otro signo de puntuación. Los escritores de primer grado escolar están aprendiendo que una oración contiene un sujeto y un predicado.

AYUDA CON EL ESPACIADO

Si a su hijo se le dificulta dejar espacios entre letras, muéstrele cómo usar una herramienta para espaciar. Puede ser un bloque de Lego, un clip o incluso su propio dedo índice. Coloque la herramienta después de cada palabra para que pueda juzgar qué tanto espacio necesita dejar libre antes de la siguiente. Recuerde a su hijo que a las letras dentro de cada palabra les gusta estar muy juntas. Casi deberían tocarse.

ACTIVIDADES PARA FORTALECER LAS HABILIDADES DE ESCRITURA

TIPOS DE ORACIONES

Una oración afirmativa (*statement*) termina en punto: Luna wakes up.

Una oración interrogativa (*question*) termina con un signo de interrogación: What is today?

Una oración exclamativa (*exclamation*) termina con un signo de exclamación: It is her birthday!

¿LETRA, PALABRA U ORACIÓN?

Asegúrese de que su hijo conozca las diferencias entre una letra, una palabra y una oración. Imprima para su hijo un cuento sencillo y léanlo juntos. Luego, dele un marcatextos. ¿Su hijo podría resaltar una letra? ¿Una palabra? ¿Una oración?

¿LA ORTOGRAFÍA CUENTA?

¿Qué debería hacer su hijo cuando escribe un primer borrador y no sabe cómo se escribe una palabra? Anímelo a escribir sus ideas con una ortografía inventada, o a que escriba cualquier letra que piense que está en la palabra. Luego, puede encerrar la palabra en un círculo. Una vez que haya completado el borrador, revisen las palabras en los círculos. Ayude a su hijo a descubrir la ortografía correcta a través de los sonidos de las letras o indíquele cómo debe escribirse.

Construcción de oraciones

En una serie de fichas catalográficas, escriba temas que comiencen con letras mayúsculas. En otro grupo de fichas, escriba verbos seguidos de un punto. ¿Su hijo puede empatar temas y verbos para crear oraciones? Anímelo a escribir e ilustrar las oraciones sencillas que forme.

Frogs — ride.
Kids — fall.
Trees — splash.
Robots — dance.
Cookies — yell.

LA ESCRITURA:
DEMOSTRANDO LA COMPRENSIÓN

Con frecuencia, a los niños se les pide que escriban sobre lo que leyeron. También escriben para hablar de sus propias ideas. Cuando los niños escriben, demuestran su conocimiento del método fonético (phonics), de palabras de alta frecuencia, su vocabulario y más. Muestran que han internalizado lo que aprendieron y que lo hicieron propio.

Los estudiantes de primer grado están aprendiendo a usar oraciones para escribir historias, reportes y opiniones sobre una variedad de temas. Al final del año, pueden pensar en qué escribir, escribir oraciones para expresar sus ideas, revisar su trabajo y añadir detalles. Cuando escriben, los estudiantes de primer grado usan una combinación de ortografía inventada y correcta.

CUANDO ESCRIBIR SE VUELVE DIFÍCIL

- En la computadora, use una función de texto a voz. Luego, pida a su hijo que copie a mano en una hoja de papel.

- Pida a su hijo que le diga qué escribir. Ayúdelo a formar las oraciones. Cuando acabe, su hijo puede copiar lo que usted escribió.

- Cuando su hijo comience a escribir, programe un temporizador por cinco minutos. Cuando suene la alarma, tome un descanso de cinco minutos. Programe otro temporizador por cinco minutos. Continúe haciendo lo mismo hasta que el proceso de escritura esté concluido.

ACTIVIDADES PARA FORTALECER LAS HABILIDADES DE ESCRITURA

TIPOS DE COSAS

Escriba un tema, como *favorite foods* o *animals with tails*. Pida a su hijo que haga una lista con tres ejemplos que correspondan. Luego, ayude a su hijo a usar esa lista para que escriba un párrafo con cuatro oraciones. Use este ejemplo:

Bailey's Favorite Foods

pizza

strawberries

carrots

Bailey has many favorite foods. She likes pizza with cheese. She likes red strawberries that taste sweet. She likes carrots with butter and salt.

DETALLES, POR FAVOR

Escoja un libro de no ficción. Escriba el tema del libro en el centro de una página de papel y enciérrelo en un círculo. Mientras su hijo lee, anote detalles dentro de más círculos alrededor del círculo central. Trace una línea para conectar cada detalle con el tema. Una vez que haya al menos cuatro detalles, ayude a su hijo a escribir un párrafo sencillo sobre el tema.

LA ORTOGRAFÍA:
USANDO EL CÓDIGO

Cuando los niños pronuncian una palabra, usan sus conocimientos del código del método fonético (phonics) para decodificarla. Por el contrario, cuando deletrean una palabra, usan sus conocimientos del código del método fonético para codificarla. Deben emparejar una letra o grupo de letras con cada uno de los sonidos que escuchan dentro de una palabra. Usualmente, los niños pueden leer las palabras antes de poder deletrearlas. Pero practicar el deletreo mejora las habilidades de lectura. Los buenos deletreadores son generalmente buenos lectores y viceversa.

Los estudiantes de primer grado están aprendiendo a escribir palabras de tres letras con el patrón CVC (consonante-vocal-consonante). Estas están usualmente agrupadas en familias de palabras que terminan con la misma vocal y consonante. Por ejemplo, la familia -ap incluye *cap, tap* y *lap*. Al finalizar el año escolar, los estudiantes de primer grado estarán aprendiendo a deletrear palabras de cuatro letras con mezclas de consonantes (como en *frog* y *plan*) y vocales de sonidos largos (como *like* y *cake*).

APRENDIENDO A ESCRIBIR PALABRAS FUERA DE LA NORMA

Muchas palabras del inglés no siguen las reglas del método fonético (phonics). Aun así, es importante que los niños sepan cómo escribirlas correctamente. Pruebe estas estrategias:

Di, deletrea y escribe, lee y subraya: Di la palabra. Escríbela mientras dices el nombre de cada letra. Subraya la palabra de izquierda a derecha mientras la lees. Hazlo cinco veces seguidas.

Triángulo de palabras: Di la palabra. Escribe la primera letra. Di la palabra. Escribe las primeras dos letras. Di la palabra. Escribe las primeras tres letras. Continúa así hasta que la palabra quede escrita. Luego, di la palabra y escríbela tres veces más. Ve el ejemplo a la derecha.

d
do
doe
does
does
does
does

Trázala: Escribe la palabra y léela. Traza cada letra con tu dedo mientras dices su nombre. Con un dedo recorre la palabra por debajo, de izquierda a derecha, mientras la lees. Repítela tres veces. Luego, cierra los ojos y usa el dedo para escribir cada letra de la palabra en el aire.

ACTIVIDADES PARA FORTALECER LAS HABILIDADES ORTOGRÁFICAS

NOTEN PATRONES

Haga que su hijo mire un conjunto de palabras y note cualquier patrón. Por ejemplo: «I see /ag/ is spelled *a-g* at the end of the word». Estudien estas palabras juntos.

TIREN LOS DADOS

Escriba 20 letras, palabras visuales o palabras de tres letras en fichas catalográficas. Si también jugarán niños más grandes, haga fichas separadas con palabras de su nivel. Los jugadores tirarán un dado y sacarán las fichas correspondientes al número que obtengan. Lea las palabras o diga los sonidos de la letra. Si el jugador puede decir la letra o deletrear la palabra, se queda con la ficha. El primer jugador que obtenga 10 fichas gana.

VEO, VEO

Escriba de ocho a diez palabras en una hoja de papel y muéstresela a su hijo. Luego, dele pistas sobre las palabras. Cuando su hijo vea cada palabra, deberá decirla y deletrearla. Use este ejemplo:

Padre de familia: I spy a word that begins with *h* and means "jump."

Niño: Hop. *Hop* is spelled *h-o-p*.

¿USO UNA C O UNA K?

Cuando escriba una palabra que comience con el sonido /k/, ¿cómo podemos saber qué letra usar? Depende de qué vocal esté a continuación. Esta rima ayudará: *C* goes with *a*, *o*, and *u*, and *k* goes with the other two (*e*, *i*). Úsela con palabras como *kid*, *can*, *cut* y *keep*.

C goes with a, o, and u.	K goes with the other two.

QUÉ HACER CUANDO SU HIJO
ENFRENTA DIFICULTADES

Como padre de familia, es frustrante que su hijo enfrente dificultades. Cuando sucede, es importante que busque ayuda. Comience por el profesor titular de su hijo, quien podría darle una atención más personalizada e indicarle estrategias para llevar a cabo en casa. También puede ponerse en contacto con un especialista de lectura o un maestro de educación especial en su escuela o distrito escolar. Tutores, profesionales de la educación privados y clínicas de lectura son otras opciones para ayudar a su hijo.

Si su hijo continúa experimentando dificultades, pida a la escuela una reunión en la que se incluya al profesor titular, al orientador de lectura o lingüística, al psicólogo escolar , al consejero escolar y al profesor de educación especial. Será una oportunidad para que todos sean honestos y abiertos de una manera solidaria. El propósito de dicha reunión sería reunir información para decidir cómo proceder. Algunos resultados posibles serían la aplicación de una evaluación formal para el ingreso a educación especial, creación de un Plan 504 o un Plan de Educación Individualizada (Individualized Education Plan, IEP), clases intensivas por parte del profesor titular o consultas con un pediatra para un posible diagnóstico médico.

PREGUNTAS PARA LA DISCUSIÓN EN GRUPO

- ¿El niño muestra problemas de atención en la escuela? ¿En casa?
- ¿Una asistencia baja está causándole un impacto?
- ¿Cuándo fue la última vez que la vista y el oído del niño fueron evaluados?
- ¿El niño habla otro idioma?
- ¿Qué estrategias y apoyos han sido aplicados? ¿Tuvieron éxito?
- ¿El niño tiene alguna condición médica que podría causar un impacto en el aprendizaje?

CÓMO AYUDAR EN CASA

Si su hijo tiene dificultades con la lectura, le convendrá contar con el apoyo de su profesor titular y de otros expertos. Sin embargo, usted tiene un rol importante que jugar. Animar a su hijo puede hacer una gran diferencia en lo que se refiere a sus actitudes sobre la lectura, la motivación para leer y un crecimiento firme como lector. Pruebe estos consejos:

1. PONGA ATENCIÓN A LAS CAUSAS DE LAS DIFICULTADES

No todos los problemas con la lectura son iguales. Usted está en una posición única para notar cuándo y por qué es que su hijo enfrenta dificultades. Lea con su hijo y ponga atención a aquello en lo que enfrenta dificultades. Así, estará en posibilidades de hacer un plan para buscar ayuda. Algunas razones para preocuparse son la evasión de la lectura, una lectura en voz alta lenta o dificultosa y tener dificultades para leer libros muy por debajo de su nivel. Comparta con los profesores de su hijo sus observaciones y preocupaciones específicas.

2. SIGAN LEYENDO

Haga de la lectura diaria una parte divertida de la rutina en casa. Asegúrese de que su hijo cuente con un acceso fácil a una variedad de materiales de lectura. Deje que su hijo vea que usted lee por gusto y para encontrar información. Hablen sobre lo que usted está leyendo y anímelo a hablar sobre lo que él lee. Esto los llevará a tener conversaciones estimulantes que ayuden a su hijo a incrementar su vocabulario y fortalecer sus habilidades lingüísticas.

3. ENCUENTRE LOS LIBROS ADECUADOS

Deje que su hijo escoja libros que le interesen. Busque libros que se relacionen con sus intereses. Leer libros que forman parte de series es una buena manera de fortalecer la comprensión de lectura ya que los niños se familiarizan con las diferentes aventuras de un mismo personaje. Las novelas gráficas y los libros por capítulos para principiantes pueden ayudar a su hijo a cruzar el puente entre los libros ilustrados y los libros de lectura en voz alta hacia la lectura casi independiente.

4. DIVIÉRTANSE

A veces, los niños reciben el mensaje de que la lectura es una obligación. Hágala divertida animando a su hijo a hacer dibujos y escribir historias sobre sus personajes favoritos, actuar las historias y turnarse leyendo en voz alta con usted o con un hermano. Al unirse a la diversión, su hijo fortalecerá adecuadamente sus habilidades y crecerá como lector.

GLOSARIO

alfabetización: El desarrollo de las habilidades para leer y escribir.

ciencia de la lectura: Un cuerpo de investigación que muestra los aspectos más importantes y efectivos de la educación para la lectura.

comprensión de lectura: La habilidad para entender e interpretar lo que se lee.

conciencia fonémica: La habilidad para identificar y manipular sonidos individuales en palabras habladas.

conciencia fonológica: La habilidad para identificar y manipular sílabas y otras partes de las palabras habladas.

decodificar: La habilidad para pronunciar las palabras escritas.

ELA: English language arts (Lengua y Literatura del Inglés).

ELL: English language learner (estudiante del idioma inglés).

ESE: Exceptional student education (educación para estudiantes excepcionales).

estándares: Oraciones simples que describen lo que los estudiantes deberían saber o saben como resultado de lo que están aprendiendo en la escuela.

fluidez: La habilidad para leer con rapidez, precisión y una expresión adecuada.

IEP: Individualized education plan (plan de educación individualizada). Un plan personalizado que describe las clases, apoyos y servicios de educación especializada que un niño necesita.

lectura activa: Cuando un lector piensa acerca del texto que lee y está concentrado e involucrado en él.

método fonético (phonics): El emparejamiento del inglés hablado con letras individuales o grupos de letras; la relación entre sonidos y letras.

nivel Lexile: Una medición científica de la complejidad y legibilidad de un texto.

palabra de alta frecuencia: Una palabra que suele aparecer en materiales escritos y que puede ser decodificada usando reglas comunes del método fonético (phonics).

palabra visual: Una palabra que aparece con frecuencia en materiales escritos y que puede ser difícil de decodificar usando las reglas comunes del método fonético (phonics).

Plan 504: Un plan que describe los ajustes que hará la escuela para acompañar la educación del alumno.

RTI: Response to intervention (respuesta a la intervención). Una estrategia educativa que busca identificar de manera temprana a los estudiantes que enfrentan dificultades y proporcionarles el apoyo que necesitan para tener éxito en la escuela.

sílaba: Una parte de una palabra que contiene el sonido de una vocal.

Tier 1 instruction (clases de nivel 1): Clases para todos los estudiantes del grupo basadas en los estándares de aprendizaje del grado que corresponda.

Tier 2 instruction (clases de nivel 2): Clases para grupos pequeños de estudiantes que demuestran dificultades menores en áreas específicas.

Tier 3 instruction (clases de nivel 3): Clases para grupos pequeños de estudiantes que requieren de ayuda y apoyo más intensivos.

vocabulario: El conocimiento de palabras y su significado.

INFORMACIÓN ADICIONAL (EN INGLÉS)

Para saber más acerca de la ciencia de la lectura:
https://teacherblog.evan-moor.com/2022/05/02/what-parents-need-to-know-about-the-science-of-reading/

Para saber más acerca de las conciencias fonológica y fonémica:
https://readingteacher.com/what-is-phonological-awareness-and-why-is-it-important/

Para saber más acerca del método fonético (phonics) y la decodificación:
https://www.twinkl.com/teaching-wiki/decoding

Para saber más acerca del desarrollo del vocabulario:
https://www.edutopia.org/article/6-quick-strategies-build-vocabulary/

Para saber más acerca la comprensión de lectura:
https://www.readnaturally.com/research/5-components-of-reading/comprehension

Para saber más acerca los IEP y los Planes 504:
https://www.understood.org/en/articles/the-difference-between-ieps-and-504-plans

Parte de la información contenida en este libro provino de los siguientes sitios web:
- Florida Center for Reading Research https://fcrr.org
- Home Reading Helper https://www.homereadinghelper.org
- International Dyslexia Association https://dyslexiaida.org
- North Carolina Department of Public Instruction https://www.dpi.nc.gov
- Reading Rockets https://www.readingrockets.org

Escrito por Madison Parker, M.Ed.
Diseño de Rhea Magaro-Wallace
Desarrollo de la serie de James Earley
Edición de Kim Thompson
Traducción de Base Tres

Photo credits: Shutterstock

Library of Congress PCN Data
Ayudando a mi hijo con la lectura: 1er grado / Madison Parker, M.Ed.
Una guía para el acompañamiento lector
ISBN 979-8-8904-2934-6 (hardcover)
ISBN 979-8-8904-2926-1 (paperback)
ISBN 979-8-8904-2942-1 (eBook)
ISBN 979-8-8904-2950-6 (ePUB)
Library of Congress Control Number: 2024933149
Printed in the United States/052024/PP20240503

Seahorse Publishing Company

www.seahorsepub.com

Published in the United States
Seahorse Publishing
PO Box 771325
Coral Springs, FL 33077